Comment publier des livres en clonant les succès

Auteur : Amandine PIERAFEU
Version : 1.0.0

Mentions légales : Ce livre a été conçu à titre d'information et dans le but de présenter des idées, des opinions et des faits à propos d'un sujet précis. Ce ne sont pas les idées propres de l'auteur. Des actions ont été menées pour rendre les informations pertinentes et à jour en date de rédaction. Il se peut qu'il y ait des erreurs et des omissions.

L'auteur et l'éditeur se déchargent de toute responsabilité quant à l'utilisation du contenu de ce livre, de toute mauvaise interprétation... et de tout dérapage qui en résulterait de la lecture des informations. Pour toute information se rattachant au domaine médical, psychique ou juridique, merci de consulter les spécialistes des domaines concernés.

Notes : Vous aurez peut-être l'impression que je ne traite que du Kindle mais sachez que cela vaut pour toutes les liseuses du marché... La seule différence qui subsistera entre les jeux des diverses plateformes c'est le format du fichier des livres : .mobi ou .prc pour le Kindle et .epub pour les autres. Je vous montre dans la suite comment effectuer une conversion vers ces formats. Ce guide peut aussi s'adapter à tous les livres papier via Createspace... ou autre maison d'édition.

Table des matières

Préface de Pierre Benoit TASSE

Amandine PIERAFEU m'a dépassé. C'est un peu comme cela que je présenterai l'auteur de ce livre : dynamique, obstinée, créative et passionnée. J'ai eu l'honneur de la rencontrer et de travailler avec elle sur des livres qui sont publiés sur internet.

Ce que j'ai admiré chez elle, c'est qu'elle est capable de développer une simple idée en livre. Qu'elle est capable de parler des heures et des heures… ce qui explique peut être sa préférence pour des outils de dictées électroniques quand il s'agit d'écrire pour le web.

Cloner les succès n'est pas une nouveauté mais l'auteur en fait un concept qu'elle explique tout simplement… avec des mots de tous les jours. Quiconque après avoir lu ce livre ne pourra plus dire qu'il manque d'idées de livre.

D'abord paru au format Kindle, ce guide s'est enrichi dans la version papier. Nous croyons qu'il aura autant de succès auprès des lecteurs.

Nous ne saurions pas vous laisser découvrir ce livre sans vous présenter ce que les premiers lecteurs ont écrit :

Commentaires client les plus utiles

5.0 étoiles sur 5 Concis 18 novembre 2012
Par Jacques Prestreau `TOP 1000 COMMENTATEURS`
Achat authentifié par Amazon

Direct, précis, concis. En 38 pages, il n'y a aucun remplissage, on va droit à l'essentiel, immédiatement et sans blabla préalable. Aucune page n'est inutile et je suis d'accord avec l'auteur(e) que mettre plus de pages n'aurait pas apporté grand chose de plus vu que le but est parfaitement atteint à la dernière page. Et c'est écrit dans le langage le plus basique qui soit, celui qui est compris par tout le monde (même un enfant de 11 ans pourrait appliquer les indications sans aucune aide). Et cerise sur le gâteau, il y a juste ce qu'il faut d'images nécessaires et bien choisies pour compléter le texte argumentaire.

En un mot : parfait !
J'estime avoir correctement dépensé mes 3 euros.
Bravo.

5.0 étoiles sur 5 LE LIVRE LE PLUS RENTABLE DE MES 4000 ACHATS 18 janvier 2013
Par CLAP
Achat authentifié par Amazon

CET OUVRAGE VOUS DONNE DES INFORMATIONS UTILES, ENRICHISSANTES ET CHRONOPHAGES; VOUS ALLEZ PASSER DES HEURES À PROFITER DES LIVRES GRATUITS ET À LES LIRE. MERCI POUR CES ASTUCES ULTRA RENTABLES !

LA FRANCE MANQUE DE LIVRES COMME LES VÔTRES. D'HABITUDE, JE SUIS CONTRAINTE D'ACHETER CE GENRE D'INFO EN ANGLAIS...

Bonne lecture !
Et comme je le dis toujours, n'hésitez pas à partager votre succès avec moi.

Format Kindle

Pierre Benoit TASSE est l'auteur de nombreux livres sur internet : Comment Publier Simplement sur KINDLE des livres qui vous rapportent jour après jour, Comment gagner de l'argent sur internet - Un guide pour arrondir ses fins de mois, Promotion et Marketing de Sites Web…

Ainsi vous souhaitez écrire des livres en clonant des succès ?

Nous allons dans ce livre vous expliquer en détail comment on effectue un clonage de livre en toute légalité. Avant de vous détailler une méthode qui a fait ses preuves, passons en revue quelques faits concrets liés à la pratique et à l'expérience.

Fait 1 : Ceux qui achètent les livres de vos concurrents sont aussi vos clients potentiels. Sachez que ceux qui sont obsédés par un sujet n'achètent pas qu'un seul produit. On dirait qu'il font la collection de tout ce qui touche de près ou de loin au sujet. Donc si quelqu'un publie un livre proche au vôtre, cela ne dois nullement vous inquiéter.

Fait 2 : Ecrire un livre et convaincre les autres de l'acheter n'est pas la marche à suivre. Ceci est le chemin de l'épuisement. Quand on désire produire un livre, on commence toujours par regarder qui cela peut intéresser. Bref on analyse la demande à travers une vision de la compétition ou des ventes pour un sujet donné. Un écrivain sensé écrira pour un public au lieu d'écrire et de rechercher le public que cela va intéresser.

Fait 3 : Plus la compétition est grande pour un sujet et plus le domaine est vendeur. Cela pourrait directement être associé au Fait 1. A vous de savoir comment présenter votre livre. Nous aborderons cette vision en évoquant la notion de différentiation.

Fait 4 : Il ne faut jamais chercher à inventer une roue. Elle existe déjà. Remplacer une roue par une nouvelle invention serait trop compliqué. Ce guide est directement applicable. Ce livre est un clone. Un clone bien ficelé. Il aura fallu quelques heures seulement pour le mettre au point selon la formule de la différentiation. Je n'ai rien inventé. Mes sources non plus. J'ai simplement présenté de manière simplifié et méthodique comment réaliser un processus de création de livres.

Fait 5 : Ecrire des livres par clonage a comme fondement que les idées n'ont pas de copyright. Ceux qui ont lu mes suggestions sur la rédaction des recettes de cuisine savent de quoi je parle. Vous pouvez prendre n'importe qu'elle idée et le présenter avec vos propres mots. Même si ces idées appartiennent à une autre personne. Ne dit-on pas que notre langage est issu de quelqu'un ? Si vous copiez mot pour mot un guide, un livre, un rapport alors vous aurez des problèmes. Les français appelle cela du plagiat.

Fait 6 : Cloner est donc différent de la copie intégrale. Répétez cela chaque fois que vous serez tenté de prendre un raccourci littéraire.

Fait 7 : De nombreux produits ne sont pas adaptés aux personnes qui les lisent. Combien de livres sont confus, rembourrés… En clonant, gardez de vue la simplicité et la concision dans les propos.

Fait 8 : Un type de lecteur correspond à un livre. Je complète le fait précédent. Ne vous gênez pas d'écrire plusieurs livres sur un seul sujet. Je l'ai déjà fait et cela marche bien. Vous me demanderez comment savoir si un livre correspondra à mes attentes ? Désolé, vous ne pourrez pas savoir si un livre répondra à toutes vos questions avant de le lire. Je reviendrai sur ce point tout à l'heure. Le titre que le livre possède donne une idée du contenu du livre. Un bon auteur commence son livre par son titre. Eh ! Oui ! Le titre donne la couleur du contenu.

Fait 9 : Si vous publiez dans le contexte du Kindle, sortez des publications fourre-tout. Bien ! On a l'impression qu'en parlant de beaucoup de choses, on couvrira tout le sujet et le lecteur sera content. Quand j'ai découvert la **méthode projet** dans la publication, cela m'a réconforté. Alors, à vous de cloner ma manière de produire des livres à la chaine. **A un livre correspond un problème à résoudre.** Ce livre par exemple vous expliquera comment on peut publier des livres en clonant les livres à succès. Je parlerai plus de la détection des livres à succès et de la rédaction du livre. Je n'irai pas vous parler de la mise en ligne du livre sur Kindle (ou autres liseuses) ou en livre papier via Createspace. Je considère cela comme un peu hors du champs du projet. Mon lecteur pourra facilement se renseigner via le contenu de la bibliographie ou des recommandations pour mettre ses livres en ligne.

Fait 10 : Si vous avez bien compris ce que j'évoque dans ces lignes, vous êtes prêt à appliquer la méthode sans plus attendre. Je dois vous donner un secret : Certains de mes livres sont écrits sur ce principe. Et je répète bien, ce livre est un exemple. Il faut écrire successivement, sans rembourrage, simplement quoi ! Je sais que cela ne vas pas plaire à certains lecteurs qui risque de vous donner une mauvaise appréciation. C'est juste qu'ils n'ont pas compris. Pour 3.99€, ils s'attentent à un contenu de plus de 100 pages…alors que je ne dépasse pas 40 pages par titre. Exploitez les mauvais commentaire pour relancer les ventes de vos livres. Ne péchez jamais en ajoutant du contenu aberrant dans vos livres.

Fait 11 : Si vous clonez un livre, vous n'avez plus à vous demander s'il va se vendre puisque la source se vend. Je prend comme vente respectable, la quantité 10 (10 exemplaires) pour des redevances de 2€, ce qui fait 3.99€ la vente. Chaque livre cloné devrait vous rapporter au moins 20€ par mois. Ce qui fait un travail rémunéré à 5€ l'heure en supposant que le livre s'écrit en quatre heures. N'oubliez pas qu'il s'agit de revenu récurrent. Les mois suivants, vous encaissez sans effort supplémentaire. Oui ! Au début, il vous faudra une journée pour écrire un livre mais en progressant, vous parviendrez à faire du 40 pages en quatre heures. Courage et gardez confiance.

Histoire : Il faut vraiment que je vous raconte une histoire

J'ai eu du mal à comprendre ce qu'était un coca cola. Et je dois vous dire qu'à un certain moment, je ne me retrouvais plus dans les différents soda dit cola qui sont sur le marché. Voici une petite note de Wikipédia qui pourra vous éclairer.

Ses principaux concurrents sur le marché mondial sont les sodas au cola des multi-nationales Pepsi-Cola et dans une moindre mesure Dr Pepper et Virgin Cola. Il existe de nombreux autres concurrents locaux selon les pays ou en produits libres dans les chaines de supermarchés, hypermarchés et superettes. D'autres colas sont fabriqués sur la base de la recette OpenCola, sous licence GPL [3]. On trouve aussi des altercolas.

Wikipédia parle ainsi du Coca-cola. Saviez-vous qu'il existe une recette libre de droit pour faire du cola ? Si vous n'avez pas compris ce que je veux dire : N'importe qui aujourd'hui peut produire sa cola sur le marché… avec la recette de cola qui est disponible gratuitement sur internet.

Ce n'est pas parce qu'il existe des colas que le vôtre ne se vendra pas (ou de celui de coca-cola). Vous n'avez qu'à regarder les types de colas aujourd'hui en vente dans les épiceries : cola pour musulman (ou cola Halal ?) dont j'ai oublié le nom, cola pour …

Alors, comment se défendre sur le marché quand on est un fabriquant ? Un seul mot : l'innovation et la diversification. Et coca-cola innove en produisant des variétés des goûts pour ses produits. Vous pouvez le constater avec l'extrait suivant.

En France [modifier]

- 1934 : Le café de L'Europe à Paris, près de la Gare de Paris-Saint-Lazare propose une nc
- 1985 : Le **Coca-Cola sans caféine** apparaît en France.
- 1996 : Le **Cherry Coke** est lancé en France pour la première fois mais le succès n'est pa
- 1998 : Le **Coca-Cola Light sans caféine** apparaît à son tour en France.
- 2002 : Le **Coca-Cola Light Lemon** arrive en France au mois de juin.
- 2003 : Le **Vanilla Coke** aussi appelé **Coca-Cola Vanille** arrive en France.
- 2005 : Le **Coca-Cola Light Lime** arrive en France.
- 2006 : Le **Coca-Cola Light Sango** arrive en France.
- 2006 : Le **Coca-Cola BlāK** est lancé en France le 15 janvier en distribution hors domicile.
- 2006 : Après le **Coca-Cola Light Lemon**, le **Coca-Cola Lemon** arrive en France, au forr France pour un test - et de façon aléatoire dans certains cafés près d'établissements scol trouvant pas son public, et sont devenues des 'Must Have' pour les collectionneurs). Le fo
- 2007 : Le **Coca-Cola Zero** est arrivé en France le 18 janvier. Il aurait pu s'appeler « Coca

Voila pourquoi j'ai souvent souligné que la seule défense contre le piratage des fichiers, le clonage des livres… c'est de produire encore plus en diversifiant. Vous comprenez aussi pourquoi je ne place pas de DRM sur mes livres.

Vous pouvez même avoir plusieurs versions d'un même livre selon les points de vue. Je vous donne un exemple. Si vous avez un livre qui explique comment maigrir (ou si vous souhaitez produire un tel livre), vous pouvez produire des œuvres dérivatives pour les séniors, les mamans, les diabétiques, les jeunes filles… Vous voyez le truc ? C'est le même livre de base mais adapté à une clientèle précise. OK ! Cela vous permet de cibler une clientèle précise et ne pas être trop généraliste.

Ne vous tracassez pas pour les retours. Consacrez le dixième de votre livre à une nouveauté que l'on ne trouve pas dans les autres livres qui s'appuient sur la même source. Je crois que j'ai été clair. Ceci est une astuce qui

vaut son pesant d'or. Si vous ne le comprenez pas bien,
écrivez-moi.

La méthode

Ecrire des livres par la méthode de clonage est simple. Voici les grands principes : Vous prenez comme source un livre qui a du succès et vous présentez avec vos propres mots les grandes idées ou une idée précise et simplifiée pour expliquer comment atteindre un but précis.

Plus le livre qui a eu du succès est volumineux et plus vous vous en sortirez haut la main. Tout le monde n'est pas un grand fan de Harry Potter pour dévorer des milliers de pages. Beaucoup de lecteurs sont à la recherche des raccourcis dans leur lecture. Un peu une façon de lire tout un livre sans vraiment le lire.

Parlant de Harry Potter, voici un exemple de livre sur le marché… des sortes de résumés ou des guides d'étude.

 Harry Potter and the Deathly Hallows by J. K. Rowling | Summary 2010) - **Kindle eBook**
Buy: $9.70
Auto-delivered wirelessly
☆☆☆☆☆ ☑ (3)

Donc, si vous avez bien retenu ce que j'ai dit : Vous prenez un livre qui a du succès et vous vous focaliser sur un angle de vue selon ce que vous inspire globalement le livre ou le sommaire.

Donc, j'anticipe ici une question qui va venir dans les prochaines minutes : *Faut-il lire un livre pour le cloner ?*

Si nous considérons le cas des non-fictions (des livres qui ne sont pas des romans) comme ce livre, le lire est préférable. Mais, il ne s'agit pas d'une lecture minutieuse mais d'une lecture en triangle (ou diagonale ?) comme lisent plusieurs sur le web. Le but étant de capter la pensée de l'auteur et de repérer les grandes lignes. Sachez cependant que le sommaire d'un livre peut fournir de grandes précisions pour celui qui sait l'exploiter. Rassurez-vous, cela vient avec le temps. Ma méthode personnelle est de consulter les sommaires de livres. Et d'utiliser internet pour creuser le sujet. Je lis donc rarement les livres que je clone. Je m'appuie beaucoup sur des livres en langue anglaise. Ok ?

Il y a quelque temps, j'ai lu un guide de Kindle qui traitait de tout sur le Kindle sans vraiment entrer à fond dans un sujet précis. Je me suis appuyé sur un seul chapitre de ce livre là pour écrire le mien. Et ce chapitre disait que l'on pouvait lire des nouvelles (news) sur son Kindle. Mais l'explication était vraiment vague et confuse. Alors dans le livre que j'ai conçu, j'ai fourni la marche à suivre, pas à pas, pour trouver des nouvelles et les mettre dans le Kindle. Eh Oui ! Ce livre, d'une trentaine de pages, permet de vraiment économiser sur les achats des journaux en librairie ou des abonnement de journaux sur le site Amazon. Je dois vous dire que ce livre se vend bien. J'écoule un livre par jour. Pour moi, ce n'est pas mal pour 4 heures de travail.

Donc, votre inspiration peut être un seul chapitre d'un livre. Parfois une seule phrase peut créer un déclic.

Voici un exemple de production que l'on trouve sur Amazon en langue anglaise. Ce sont des résumés avec le même titre que le livre source. Plus le mot « Summary » qui signifie « Résumé ».

48 Laws of Power Book Summary by Parish Publishers
Buy: $4.14
Auto-delivered wirelessly
☆☆☆☆☆ ☑ (2)

Regardez le prix et le nombre de page. 19 pages pour environ 4 dollars.

48 Laws of Power Book Summary [Kindle Edition]
Parish Publishers (Author)

☆☆☆☆☆ ☑ (2 customer reviews) | 👍 Like (8)

Kindle Price: $4.14 includes VAT* & free international wireless deliv

• Length: 19 pages (estimated) ☑

Voici le livre qui a servi de source. Vous voyez le nombre de page ?

Start reading *The 48 Laws of Power* on your Kindle **in un**

Click to LOOK INSIDE!

The 48 Laws of Power [Kindle Edition]
Robert Greene ☑ (Author)

☆☆☆☆☆ ☑ (680 customer reviews) | 👍 Like (25)

Digital List Price: $22.21 What's this? ☑
Print List Price: $22.00
Kindle Price: $14.86 includes VAT* & free i
You Save: $7.14 (32%)

• Length: 452 pages ☑
• Don't have a Kindle? Get your Kindle here.

Ok ? Passons maintenant au détail de la méthode

Etape 1 : Je recherche ce qui se vend (bien)

Nous allons exploiter Amazon pour trouver ce qui se vend sur ce site. Il y a une petite différence entre ce qui se vend et ce qui se vend bien. Avec Amazon, on peut savoir quel livre se vend...mais on ne peut pas savoir combien un livre se vend vraiment bien.

Deux outils peuvent être exploités pour tout livre :

1) Le classement des meilleures ventes =>Vous pouvez donc savoir si ce livre fait partie des 100 premiers livres vendus. Vous voyez aussi le classement de vente pour une catégorie.

Voici ce que vous trouverez dans la page produit de tout livre publié sur Amazon... si et seulement si ce livre a déjà été vendu.

Notez que je ne m'intéresse pas seulement aux livres sur Kindle mais aussi aux livres papier.

Moyenne des commentaires client : ★★★☆☆ ☑ (10 commentaires client)
Classement des meilleures ventes d'Amazon: 2.161 en Livres (Voir les 100 premiers en Livres)
n°2 dans Livres > Santé et Bien-être > Alimentation, régimes et diététique > **Nutrition**
n°5 dans Livres > Santé et Bien-être > **Guides pratiques**
n°17 dans Livres > Santé et Bien-être > Famille - Parents > Grands-parents > **Alimentation**

2)Les meilleures ventes

Les meilleures ventes se donnent par catégorie (ce que je préfère ou globalement)

Etape 2 : Je repère un livre et je l'analyse

Je vais faire une analyse ici pour vous montrer comme je pourrai procéder. Tout peut être utile : nombre de page, chapitre du livre, commentaire des utilisateurs, couverture,…

Allons-y avec le livre suivant pris dans les meilleures ventes en informatique

Voici 197 jours que ce livre est dans le top 100. Apparemment, ce livre a déjà été acheté par 30.000 personnes. Ce qui vous donne une idée de son succès. L'édition en vente est celui de 2012. Donc il aurait été remanié, certains chapitre retravaillé (ce qui arrive souvent avec des réédition). C'est un livre qui montre comment réussir son référencement web.

En cliquant sur le lien du livre pour avoir la page produit, on constate que ce livre existe aussi sur Kindle.

Formats	Prix Amazon	Neuf à partir de	Occasion à partir de
Format Kindle	EUR 20,99	--	--
Broché	EUR 30,40	EUR 30,40	--

Le livre est assez épais puisqu'il fait 700 pages. C'est une bible.

Détails sur le produit

Broché: 700 pages
Editeur : Eyrolles; **Édition :** édition 2012 (5 janvier 2012)
Langue : Français
ISBN-10: 2212133960
ISBN-13: 978-2212133967
Moyenne des commentaires client : ☆☆☆☆☆ ☑ (7 commentaires client)
Classement des meilleures ventes d'Amazon: 2.990 en Livres (Voir les 100 pr n°6 dans Livres > Informatique et Internet > **Internet**

Ce livre a reçu 7 commentaires clients. Je vais m'y intéresser maintenant et noter surtout les points faibles et le commentaire le plus défavorable.

Voici ce que j'apprend : certaines techniques sont payantes via des formations, il y a des répétitions de chapitres, la technique de base a été donnée, un auteur attend des recommandations techniques poussées, ce livre est écrit avec un langage à la portée de tous,…

Ma conclusion par rapport à ce livre : C'est un très bon livre. Les 30.000 personnes qui l'ont acheté ne peuvent mentir. Si vous êtes intéressé par le référencement n'hésitez pas.

Bon ! Comme nous sommes des cloneurs, ce livre ne peut pas être cloné par n'importe qui. Le minimum (à mon avis) c'est avoir des bases dans le référencement…ou une idée d'une technique de base. Pour avoir une vue sur le contenu du livre, vous pouvez rechercher le livre dans la version anglaise de Amazon (amazon.com). Il suffit de prendre le titre et de l'introduire dans le moteur d'Amazon.com et voir les résultats.

En cliquant sur la couverture qui montre un « click to look inside », vous pouvez scroller vers le sommaire du livre. C'est ce que je montre ici avec ces deux extraits.

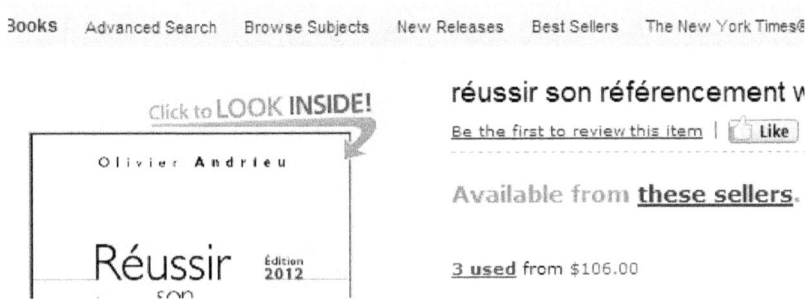

Donc, mon conseil : N'écrivez pas un gros livre sur le référencement. Lisez chaque titre du sommaire en vous disant que *chaque titre peut être le sujet d'un livre*. Si vous voulez écrire un gros livre, vous risquez de ne pas le terminer.

>Voici quelques titres de livre :
>Au cœur de robots.txt – Comment créer vos robots.txt
> Comment mesurer le trafic
> Comment indexer un site internet
> Backlinks secrets
> Créer un sitemap pour votre site
> Audit de site internet
> Choisir son CMS
> Comment pinguer son site internet

Pour chacun de ces sujets, vous pouvez écrire un guide de 30-50 pages sur le sujet qui se vendra bien pour $3.99 sur Kindle.

L'équivalent de « click to look inside » s'appelle « Essai gratuit » dans les pages produit pour le Kindle.

Vous pouvez utiliser cette fonctionnalité pour recevoir un extrait du livre que vous souhaitez évaluer.

Note : Je donne ces informations à titre d'illustration pour vous montrer que vous pouvez le faire pour tous les livres. Ne choisissez pas seulement des livres kindle. Prenez des livres papiers aussi.

La méthode que j'utilise parfois comme élément d'inspiration est de prendre comme source des livres anglais. Sur Amazon, il est possible de télécharger gratuitement des livres en promotion. Voici un livre que j'ai pris sur Amazon.com et qui peut m'aider à écrire un livre sur Twitter et le marketing.

12.  Dominate your market with Twitter by Jon Smith

Buy: $0.00

Auto-delivered wirelessly

Mon livre pourra bien avoir pour titre : « comment dominer votre marché avec Twitter » ou « comment utiliser Twitter dans votre business »

 How To Tweet - The No Nonsense Guide To Using Twitter

Buy: $0.00

Auto-delivered wirelessly

★☆☆☆☆ ⌄ (1)

Je ne sais pas si vous voyez ce que je vous raconte depuis. Cette méthode qui permet de lire gratuitement des livres vendus sur Amazon est consignée dans ce guide : *Comment lire gratuitement des livres vendus sur Amazon* à http://www.amazon.fr/dp/B007XKER72

Important : Je vous ai conseillé de visiter des sites Amazon pour voir quels sont les livres qui se vendent. Vous pouvez le faire pour toutes les librairies en ligne.

Voir par exemple :
Les meilleures ventes de la Fnac

» Livre » Santé, Bien-être, Puériculture » **Meilleures ventes Santé**

Meilleures ventes Santé

| Date de parution ▾ | Support Livre ▾ | Prix ▾ | Réinitialiser |

Dictionnaire à tout faire des épices
Inès Peyret

Comme pour toute la collection des dictionnaires A TOUT FAIRE », ce dictionnaire vous dit TOUT ce qu'il faut savoir sur les épices :1300 trucs et astuces pour savoir les utiliser pour :1) La santé2) L... » **Lire la suite...**

broché | Dauphin | mai 2011

Pour donner votre avis, veuillez vous **identifier**.

Les ventes sur Ebay

Pour ce qui concerne les librairies physiques, regardez les livres qui sont mis en évidence dans les rayons. Optez pour tout ce qui est non fiction.

Astuce pour les anglophones : Vaguez sur la tendance des sites internet. Je sais que là ce ne sont pas des livres mais je ne peux pas manquer de vous en parler.

Sur le site eHow : http://www.ehow.com

natural to want to get the most bang for your buck.

ouds

Choosing a Credit Card: Reward or Cash Back?

More in Mom ▶

◖◖ Health Insurance Terms to Know

◎ Hobbies That Can Become Businesses

J'y trouve une bonne idée de livre : « Comment transformer un hobbies en business – 10 cas pratiques ». Voici ce qui pourrait découler du titre « Hobbies that can become businesses ». Il suffit de récupérer le contenu de l'article et de l'étoffer.

Les articles sont vraiment courts. Il faudra faire vos propres recherches pour avoir un contenu d'au moins 2 pages par hobbies. Voici quelques idées de contenu pour la partie photographie : comment vendre ses photos en ligne, quel types d'appareil, produire ou faire produire, passer du numérique à la version papier, écrire une histoire en photo, le business des mariages et des fêtes de naissance… Vous voyez le truc ?

Etape 3 : Comment bien écrire

Si vous avez bien compris ce que j'essaie de présenter ici : Il ne s'agit pas d'une méthode de repiquage ou de copie intégrale de livre. Quelqu'un m'a dit un jour que si vous avez lu 3 livres sur un sujet vous pouvez être considéré comme un expert. Quand on cherche à écrire sur un sujet, on s'inspire des recherches sur internet ou on va dans une bibliothèque glaner des informations dans des livres. Je vous ai présenté la méthode de la bibliothèque ici avec le téléchargement des livres en anglais dans votre Kindle ou en analysant les livres publiés sur Amazon.

Notez bien que le livre à la base du clonage n'est qu'une des sources. Vous devez compléter les informations au moyens de vos connaissances ou via vos recherches sur le sujet.

Etape 4 : Mettre en forme le livre

Je pourrai bien développer cette partie mais comme je sais que beaucoup auront déjà la partie complémentaire de ce livre, je ne peux que les renvoyer au guide : ***Comment mettre en forme des livres sur Kindle avec des outils gratuits*** à http://www.amazon.fr/dp/B0085Y92VQ

Le but de cette mise en forme contient deux parties :
1) Travailler le texte dans un éditeur comme Open Office ou Word
2) Utiliser le logiciel Calibre ou MobiPocket pour transformer le livre au format .mobi que vous uploadez sur KDP. Pour les autres livres, convertissez au format epub avec Calibre ou au format pdf pour les livres papier ou pdf.

Je sais que la partie Word/Open office est facilement maitrisable. Ecrivez simplement comme vous souhaiterez voir le livre apparaitre sur le Kindle. Utilisez les styles. Je travaille avec le style Titre 2 pour les titres et le style Normal pour le reste. Je met en forme au fur et à mesure que je progresse dans l'écriture et je fais des efforts pour corriger les fautes dans chaque paragraphe.

Quand vous avez terminé l'écriture de votre manuscrit, vous devez donc passez à une conversion (mobi, pdf,…)

Etape 5 : Un livre pour Kindle

A titre de bonus, je vous offre un guide de conversion pour le Kindle avec Mobipocket. Amazon qui possède Mobipocket conseille ce logiciel pour la conversion des livres pour sa plateforme. Suivez juste le guide.

> Enregistrez votre document (manuscrit) au format HTML, page web filtrée.
Si vous avez utilisé Open Office, voici ce que vous verrez.

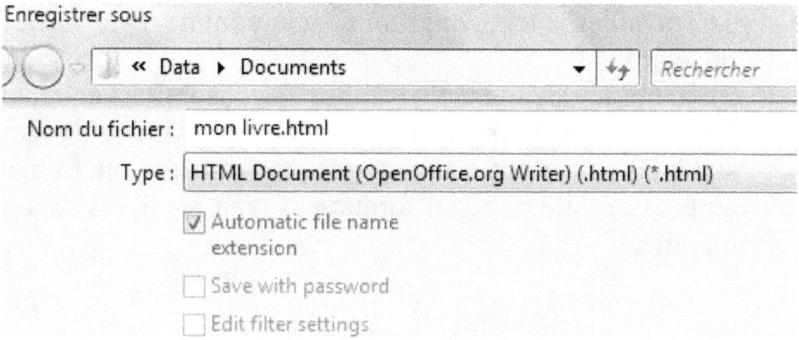

Si vous avez utilisé Word, voici ce que vous verrez.

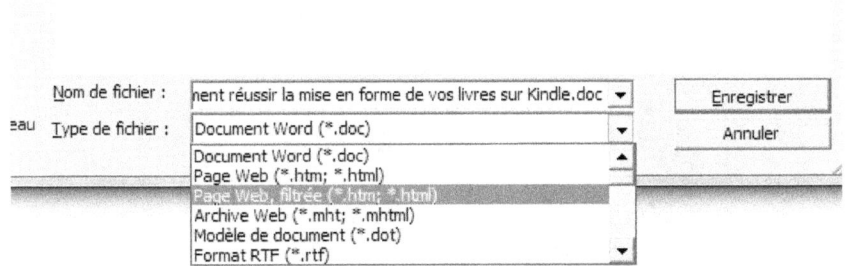

> Lancer le logiciel en double cliquant sur l'exécutable.

> La partie qui nous intéresse est la partie **Import Existing File** (qui veut dire import des fichiers existant.

En d'autre mot, on met le manuscrit dans le logiciel Mobipocket)

> Cliquez donc sur HTML document

>lication   Import From Existing File

ition
um   ▸ HTML document
1 Anniversaries Date Book   ▸ MS Word document
ipe Database   ▸ Text document
tionary/Glossary
pe Database
vel Guide

> Quand vous avez cliqué sur HTML document, une page s'ouvre et en cliquant sur **Browse**, vous devez choisir un fichier HTML (celui que nous avons enregistré dans les pages précédentes) et en dessous, un dossier de travail. C'est dans le dossier de travail que sera le livre créé.

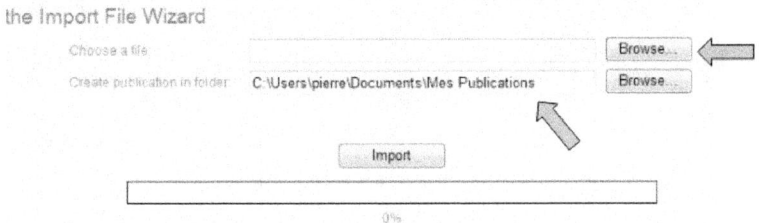

(Pour « choose a file » qui veut dire choisir un fichier)

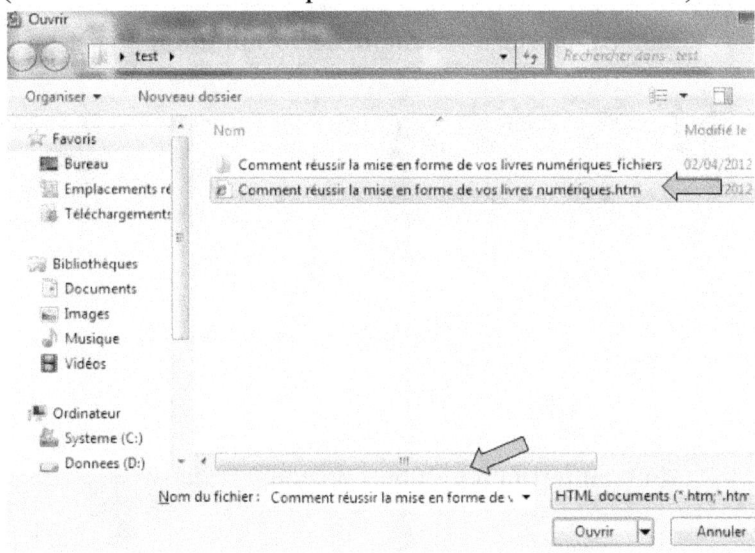

> Quand vous avez fini avec les deux définitions, cliquez sur **Import**

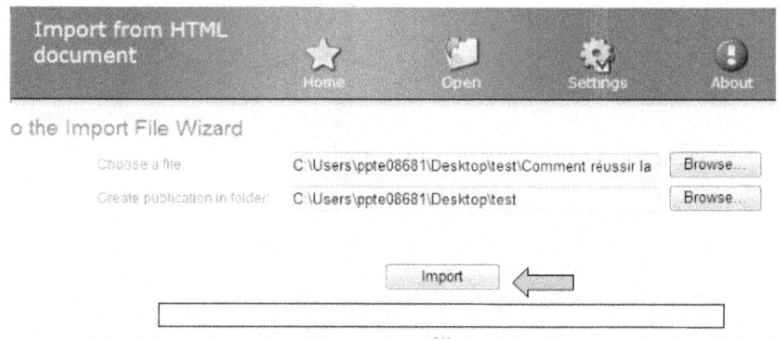

> Vous arrivez sur une fenêtre de récapitulatif

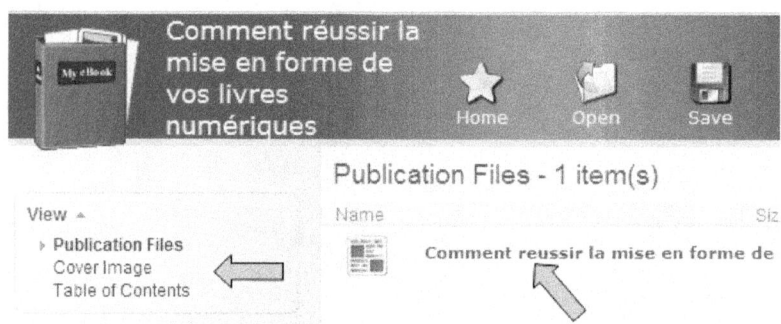

> Maintenant, il faut ajouter une couverture

Pour la couverture, cliquez sur **Cover Image** puis sur
Add a cover image

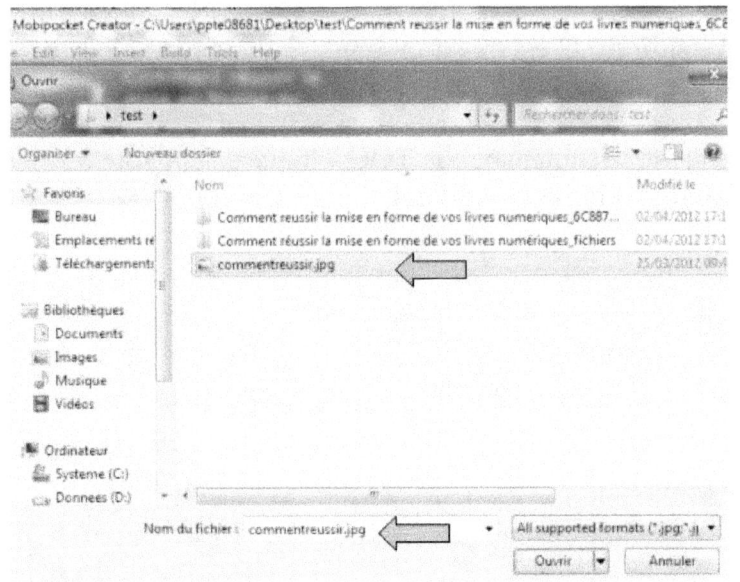

Quand la sélection est faite, cliquez sur Update

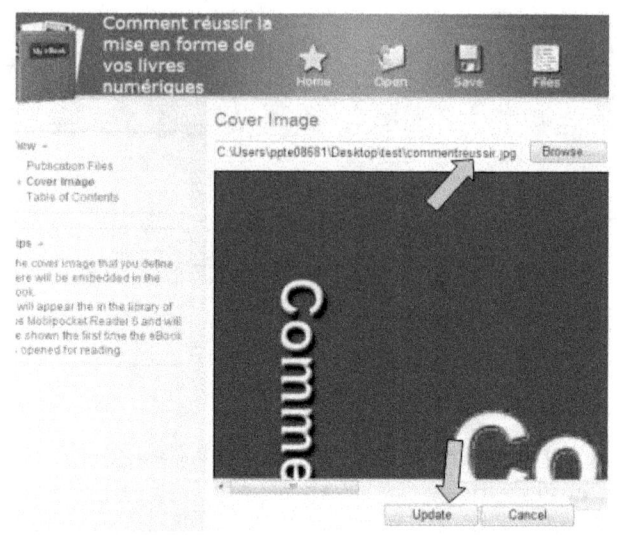

Attention ! C'est très important de cliquer sur Update sinon, la couverture ne sera pas prise en compte.

> Passez maintenant à la TOC. Cliquez sur **Table de Contents** puis sur **Add a Table of Contents**

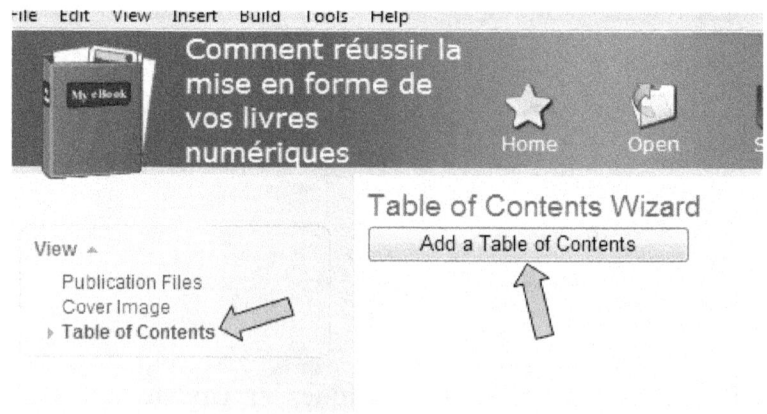

> En cliquant sur **Add a table of Contents**, vous vous retrouvez avec la page suivante

Table of Contents Wizard
Preview in Browser

View ⌄
   Publication Files
   Cover Image
 ▸ Table of Contents

Table of Contents Title:

Table of Contents

Table of Contents Generation rules:

Enter the filtering information to detect tags for which you want a link to be generated in the Table Of Content

	Tag name	Attribute	Value
First Level:			
Second Level:			
Third Level:			

During this operation, unique ID attributes will be added to the matching tag names in all the HTML files of your publication and the TOC.htm file will be (re)generated. All manual modifications you may have made to the TOC.htm file with an HTML editor will be lost. To find out which tag or attribute names are relevant, look a the source of the HTML files of your publication first.

Update   Cancel

Il y a deux choses à faire ici :

>> Mettez un titre en français à la place de Table of Contents
>> Définissez la balise utilisée pour la table de matière.

En ce qui concerne les balises, nous n'avons utilisé que des H2 ou TITRE 2. Donc, nous ne pouvons générer qu'un TOC de premier niveau (first level).

Note : Pour ceux qui travaille avec des TITRE 1 (ou Heading 1) et TITRE 2 (ou Heading 2), vous pouvez donc placer au premier niveau H1 et au second niveau H2. Le premier niveau est First level. Le second niveau est Second level.

Table of Contents Title:

Table des matières ⇐

Table of Contents Generation rules:

Enter the filtering information to detect tags for which you want a link to be generated in the

	Tag name	Attribute	Value
First Level:	H2		
Second Level:			
Third Level:			

During this operation, unique ID attributes will be added to the matching tag names in all th your publication and the TOC.htm file will be (re)generated. All manual modifications you m the TOC.htm file with an HTML editor will be lost. To find out which tag or attribute names a the source of the HTML files of your publication first.

| Update | Cancel |

N'oubliez pas, quand vous avez rempli les champs, de cliquer sur **Update** sinon, les informations ne seront pas prises en compte.

Après validation, vous retournez dans la page de publication avec tous les fichiers de travail.

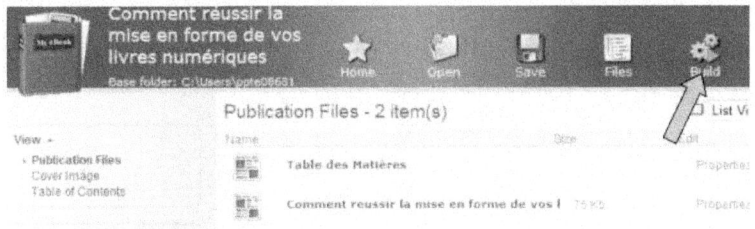

C'est normal que vous ne voyiez pas le fichier de couverture.

> Cliquez sur **Build,** dans les boutons de menu

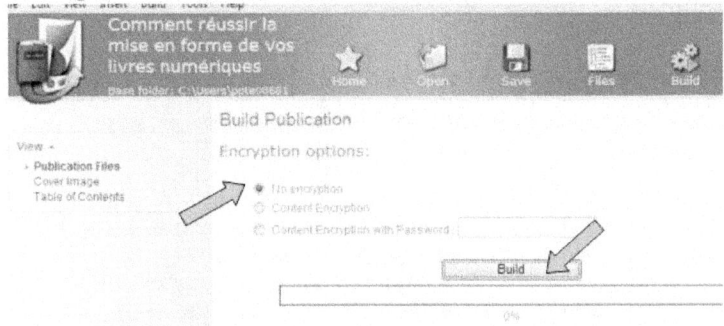

Ne faites aucun cryptage de données et ne placez pas de mot de passe.

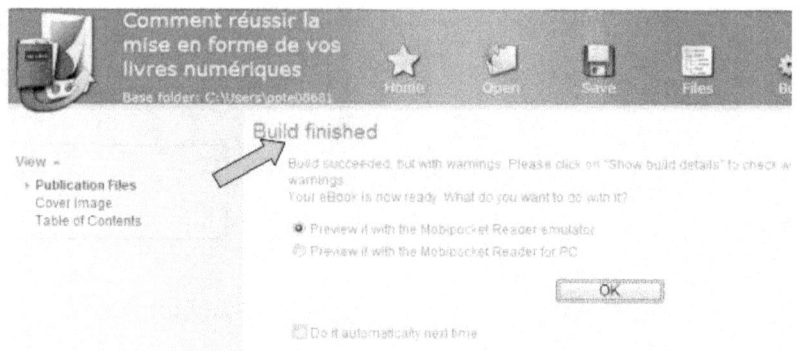

Vous avez alors le fichier PRC dans votre espace de travail

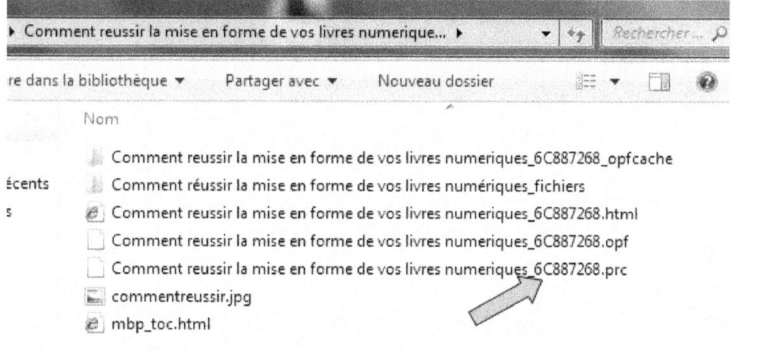

J'aime bien tester le rendu sur le **Kindle Previewer** puis sur mon appareil.

Je teste en effet, la visibilité, les images insérées… puis la couverture cliquable et le lien cliquable.
En grandeur nature, sur mon Kindle, je note les fautes de grammaire et d'orthographe.

[Sélection du lecteur dans le Previewer => Je développe pour le Kindle car c'est la liseuse aujourd'hui vendu en France]

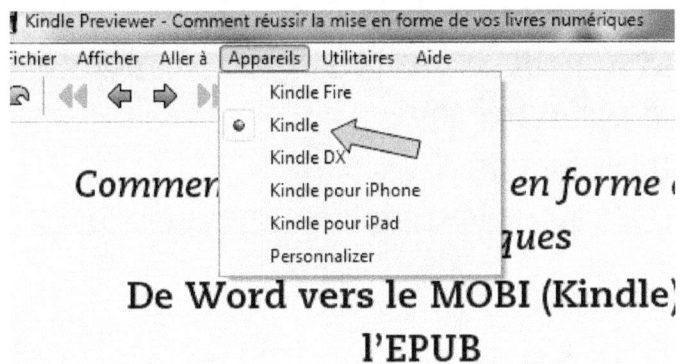

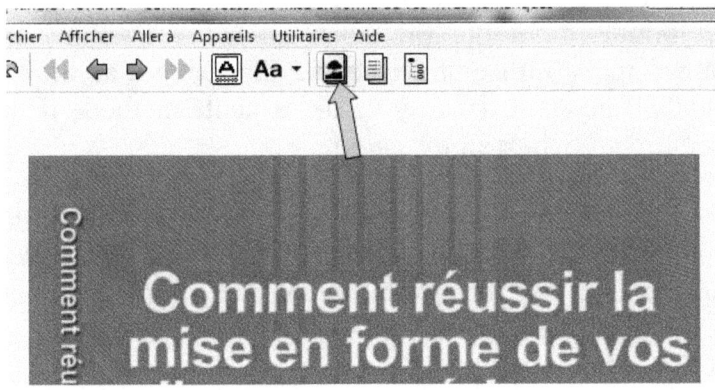

Table des matières

Etape 6 : Publier sur KDP

Pour effectuer cette partie, il faut avoir votre manuscrit au format .mobi ou .prc ainsi qu'une couverture au format .jpg. J'utilise un fichier de dimension d'au moins 600x800 pixels. Chacun y va de sa petite méthode pour produire un fichier au format jpg.

Vous pouvez faire le design sous Word et utilisez la touche PRTSC SYSRQ (print Screen) pour récupérer l'image. J'utilise beaucoup le logiciel irfanview pour travailler sur les images.

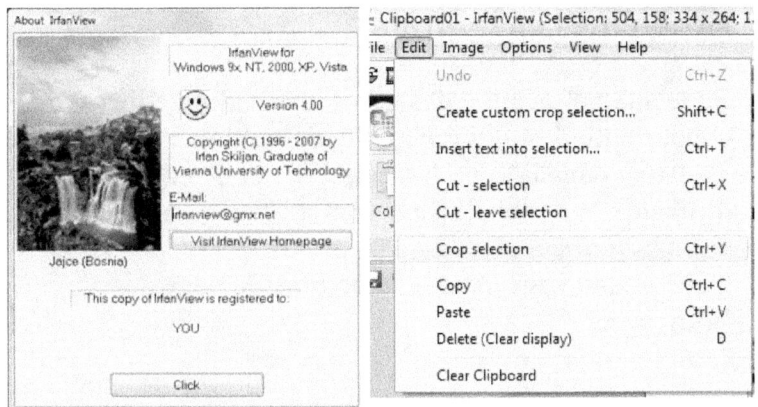

Les découpes se font avec ***Crop image*** dans le menu ***Edit***

Donc la publication se fait sur le site Kindle Direct Publishing - Amazon.com à http://kdp.amazon.com/self-publishing/signin?language=fr_FR

Tous les livres que nous avons publié vous donne la procédure pour cette publication.

Vous cliquez sur le bouton ***Ajoutez un nouveau titre*** et vous remplissez les champs requis et uploadez le manuscrit et le fichier de couverture. Après soumission, votre livre sera disponible dans les 48h

Problèmes et solutions

Suite à la publication des livres et lors des veilles concurrentielles, j'ai rencontré un problème assez récurrent dans la zone française. Voici deux extraits d'image pour vous illustrer mes propos.

Cette image vous indique le nombre de page de l'ouvrage.

★☆☆☆☆ ☑ (1 commentaire client) | 👍 **J'aime** (0)

Prix Kindle : EUR 3,21 TTC & envoi gratuit via réseau sans fil par **Ama**

- Longueur : 21 pages (estimation) ☑
- Vous n'avez pas encore de Kindle ? Achetez-le ici.

Ce commentaire vous donne un aperçu de ce qui a été dit.

★☆☆☆☆ **insufisant** 15 juin 2012
Par geo75
Achat authentifié par Amazon

Ce livre même s'il rempli son rôle, je trouve est trop chère pour un sujet qui fait la taille d'un article de blog.

De plus les conseils sont très limité et très générique. Il est a la mode maintenant de faire des livrets a 1 ou 2 euro. avec aucun contenu.

Ce sont des méthodes que personne n'apprécie. Ceci dit, chapeau pour l'aspect marketing pour vendre le livre. L'auteur applique ce qu'il dit.

Notez que je prend des exemples sur mes ventes personnelles mais je ne suis pas le seul auteur à vivre cela. Les français trouvent les ebooks trop chers. Pour beaucoup, l'information contenu ne sera jamais assez pour mériter le prix. Peut-être aurait-il fallu que je fasse du rembourrage ? Je vous présente ceci pour vous faire aussi réfléchir. Dans les pays anglo-saxons, ce livre mérite amplement son prix. Honnêtement, j'en ai acheté pour $7, ces genres de guide pour savoir comment trouver des mots clé pour mes sites internet.

Le deuxième paragraphe du commentaire est-il hors sujet ? Produire des livres sans contenu est un suicide littéraire. Je ne produis pas de livres en dessous d'une cinquantaine de pages. Et tous mes livres sont vendus autour de $3.99

Donc face à ceci comment réagir ?

> On peut commenter le commentaire. Chaque fois que je l'ai fait, les ventes ont été boostées. Considérez le commentaire comme une objection et traitez la en un paragraphe. Ne faites pas un gros discours et ne vous justifiez pas. Ce n'est pas tout le monde qui est d'accord avec le commentaire. Mais une précision dosée augmenter vos ventes. Ne dites jamais des phrases comme « contrairement à ce que vous dites, le livre possède xx pages et contient ceci ou cela ». Attaquez de front en disant par exemple : 5 méthodes décrites pour ceux qui sont à la recherche de positionnement…avec des explications à la portée de tous et directement applicables. Voila ! Est-ce que j'ai menti ? Non ! et le lecteur se rendra compte.
Croisez ensuite les doigts en espérant que celui qui a commenté votre livre ne réplique pas. S'il réplique, ne ripostez pas. Laissez couler. S'il ne riposte pas alors, vous avez gagné dans votre promotion.

Je tiens à dire à tous ceux qui s'énervent devant les commentaires, de garder leur calme. Un mauvais commentaire est toujours une occasion de lever une objection. C'est de la promotion pour vous.

> Ajoutez des informations dans la description… comme « Vous trouverez une information concise et précise sur … ». Avec ceci, le lecteur ne pourra pas commenter que l'information est peu dense. J'ai bien précisé qu'il faut être court et précis et chercher des sujets qui ne vous oblige pas à vous étendre indéfiniment. Dans le cas du livre commenté, j'ai présenté cinq méthodes avec des explications de niveau 1. Je pourrai exploiter le sujet pour présenter chaque méthode avec le niveau 3. Ce serait bien compliqué pour un débutant. Beaucoup ne liront pas les livres jusqu'au bout

> Créer des œuvres dérivatives comme je vous l'ai introduit ci-dessus. Faire par exemple : 1 livre = 1 méthode de recherche. Avec 25 pages, c'est sûr que vous creuserez à fond chaque méthode.

Publier par la méthode de clonage ne suppose pas que vous allez écrire un livre en une semaine. Le temps moyen est de quatre-huit heures. Si vous êtes dans une rédaction et qu'en une journée vous n'avez pas terminé, c'est que vous n'avez pas bien délimité votre sujet. Optez pour la simplification des concepts, la concision et la précision. Illustrez beaucoup.

Recommandation et Bibliographie

> Comment lire gratuitement des livres vendus sur Amazon à http://www.amazon.fr/dp/B007XKER72

> Comment mettre en forme des livres sur Kindle avec des outils gratuits
http://www.amazon.fr/dp/B0085Y92VQ

> Comment publier des livres sans écrire un seul mot
http://www.amazon.fr/dp/B0085Y6W7I

> Comment écrire des livres avec Yahoo Questions Réponses
http://www.amazon.fr/dp/B00895DV7M

> Comment Publier Simplement sur KINDLE des livres qui vous rapportent jour après jour
http://www.amazon.fr/dp/B006V4H4FI

Vous avez bien lu la description ?

Voici un guide complémentaire, simple concis et précis, pour ceux qui souhaitent connaitre d'autres méthodes d'écriture de livres pour le kindle (d'autres liseuses ou des livres papier). Ce livre vous apprend à publier des livres à partir des œuvres à succès sur internet. L'avantage de publier de tel livres est que les acheteurs existent. De plus, il est facile de démarrer sur une idée gagnante.

Si vous souhaitez sortir des méthodes traditionnelles ou tester des solutions qui rapportent alors ce livre vous est destiné. Ce livre en soi est un bon clone. Vous pouvez apprendre par l'exemple et faire la différence sur internet. A utiliser sans modération.